까실푸른산국

까실푸른산국

김영범 시집

고두미

일러두기
본문에서 >는 단락 공백 표시로 쪽이 바뀔 때 연이 새로 시작된다는 뜻입니다.

□ 시인의 말

  벽돌을 찍어내듯 빵을 구워 볼까. 구름 위를 걷는 신발을 만들까. 깨끗해져서 모두 모두 선해지는 세탁소나, 고생했다고 쓰담쓰담 머릿결을 만져주는 미용실, 아니면 세상에 없는 자격증을 따 볼까.

  엄마가 말한 기술이 세상에 하나뿐인 나였으면 좋겠다. 예쁜 눈사람을 만들어 입김을 불어 넣고 한 번의 마주침으로 내 안에서 영원한 그 무엇, 그 어떤 나였으면 좋겠다.

2025년 가을
김영범

까실
푸른산국

차례

제1부 방차가 있던 자리

흙의 자식	13
똥간 옆 살구나무	14
방차가 있던 자리	16
상엿집	18
도깨비비	19
그녀의 방	20
은하수	22
웃덕디	23
묵정밭	24
아부지의 농사법	25
개팔자	26
마늘	27
전지剪枝	28
유전의 법칙	29
연필 깎는 남자	30

제2부 명자꽃 붉게 피면

명자꽃 붉게 피면	___ 35
장미미장원 흰나비	___ 36
푸른 그늘	___ 38
노년의 주막	___ 40
우리는 서로 보듬으며 꽃이 된다	___ 42
감국의 계절	___ 44
설렁탕 한 끼	___ 45
조선칼국수	___ 46
이웃	___ 48
그대 만나러 가는 길	___ 50
바람을 타고 나는 새	___ 52
지나간다	___ 54
도라지꽃 피는 언덕	___ 56
부탁해요	___ 58
사거리 별다방	___ 60
붓의 길	___ 61
신	___ 62
돌잔치	___ 64

제3부 개망초 주막

왜가리	___ 67
민들레 신발	___ 68
하루살이의 군무	___ 69
개망초 주막	___ 70
늦은 봄	___ 72
봄의 밀도	___ 73
플라타너스	___ 74
여름의 길목에서	___ 76
가을을 먹다	___ 78
씀바귀	___ 80
처서處暑	___ 81
달뿌리풀	___ 82
메꽃 편지	___ 84
우화羽化	___ 85
까실푸른산국	___ 86
비둘기가 날아오른 역사적 순간	___ 88
수선화	___ 90

제4부 이방인들의 대화

함께 가는 길	___ 93
호상好喪	___ 94
몸살	___ 95
촘촘한 저녁	___ 96
아주	___ 98
콩나물국	___ 99
시청 앞 은행나무 까치집 노주인의 당부	___ 100
안개 속에서 기형도를 만나다	___ 102
유골遺骨 같은 사월	___ 104
꿈길같이 오시는 날	___ 106
오래된 것	___ 108
노아의 방주	___ 110
고목古木처럼 앉아 밤을 맞다	___ 112
권태	___ 113
이방인들의 대화	___ 114

발문
정민 | 연필 깎는 남자와 자작나무 숲 ___ 117

제1부

방차가 있던 자리

흙의 자식

나는 똥 퍼먹고 자란
흙의 자식이다.
이 똥으로 말할 것 같으면
할아버지의 할아버지가 대대로 누던 똥이다.
똥 푸는 날이면
할아버지의 할아버지 똥 냄새에
온 동네 흙들이 몸살을 앓았다.
감나무에서 떨어진 손주에게
맑게 거른 똥물을 퍼주던
할머니의 할머니 똥이다.
내가 태어난 똥수깐은
헛간이기도 해서
망태기며, 쟁기며, 호미가 가득하여
봄날이면 부산히도 드나들었다.
지렁이, 땅강아지와 사촌인 나는
봄만 되면 아랫도리가 헐거워져
맨엉덩이 내밀고 흙고랑을 뛰어다니고 싶은
흙의 자식이다.

똥간 옆 살구나무

똥간 옆 살구나무는
키도 크고 열매도 실하다.
똥간에 쭈그리고 앉으면
작은 창이 초록 열매로 꽉 찬다.

시큼 떨떠름한 봄날
살구나무 윗집
올망졸망한 네 남매는
똥간 옆 살구나무를 분주히 오가며
익지도 않은 열매를 따 먹었다.

살구나무집 큰애기는
오가는 이들 손 타는 게
아깝고 분이 나서
마렵지도 않은 똥을 누며
다리에 쥐가 나도록
살구나무를 지켰다.

>

한눈파는 사이
후드득
열매 떨어지는 소리에 발을 헛디뎌
똥간에 빠지고 말았는데

그러거나 말거나
똥간 옆 살구나무는
배고픈 줄도 모르고
살갑게 익어갔다.

방차가 있던 자리

오뉴월 개불알 달랑거리며 아이들은 방차防遮에 모여 멱을 감거나 물고기를 잡았다. 콘크리트로 물길을 막은 방차엔 붕어, 송사리, 메기, 꺽지, 모래무지가 많았다. 빨래하러 온 계집애들이 물고기 부레처럼 둥둥 떠오르는 불알에 얼굴이 빨개졌다.

방차 아래는 처녀 귀신이 살고 있어 갓난아이는 얼씬 못하게 하던 곳이다. 몇 해 전 묵정밭에 삼밭을 일구던 젊은 부부 아이를 데리고 간 후, 불알이 쪼그라든 아이들은 방차를 찾지 않았다.

하류에 댐이 생기면서 마을이 잠기자 아이들은 도시로 떠나고 낚시꾼만 방차가 있던 자리로 몰려들었다. 처녀 귀신이 아비 없는 아이를 키우는 곳이라고 경고했으나 귀담아듣는 이는 없었다.

이내, 낚시꾼 한 명 수몰된 빈집에 살림을 차렸고 밤마다 아이 울음소리가 들린다는 소문이 불알에 털이 숭숭 나버린 아이들에게도 퍼졌다.

상엿집

제삿날 밤은 더디 가서
제삿밥 얻어먹으려는 아이들이
사슴벌레 잡으러 양물랭이 상수리 숲에 들었다가
당고개 너머
소복 입은 여자를 보고는
오두막에 몸을 숨겼다.

어린아이는 울음을 참지 못해
소쩍새처럼 훌쩍훌쩍 울고
큰아이는 문틈으로 밖을 살펴보며
빈 옥수수 대궁처럼 몸을 떨었다.

늦도록 돌아오지 않은 아이들 때문에
동네는 난리가 났건만
줄초상 치를 뻔했던 새벽
아이들은 아무 일 없듯
하얀 무명 치마 고이 덮은 채
잠에서 깼다.

도깨비비

지호 아부지는
동네에 유행하던 경운기를 마다하고
세월아 네월아 소달구지를 몰고 다녔다.
하루는 맑은 하늘에 구름이 몰려와 비를 뿌리며 다녔는데
약삭빠른 아이들은 구름을 피해 달아나고
청년들은 경운기 속력을 높여 달리는데
구름보다 늦은 지호 아부지 소달구지는
뒤쫓아오는 작달비에 따라잡혔다.
삼복 지나 처서 무렵
비에 흠뻑 젖은 소가
육중한 몸을 흔들고
꼬리를 번쩍 올려 참았던 오줌을 뿜었다.
부지불식간에 봉변당한 지호 아부지는
도깨비가 비를 뿌리고 갔다며
며칠을 앓아누웠다.

그녀의 방

대대로 살던 기와집 대들보만 두고 수리했다.
안방보다 낮은 부엌도 신식으로 바뀌고
아궁이를 대신해 가스레인지가 설치되었다.
세 칸이던 방은 일자에서 정방형으로 바뀌었고 거실이 생겼다.
겨울이면 메주를 쑤거나 짚으로 가마니를 짜던 작은방과
마루 끝 광을 합치고 또 나누었다.

후처로 들어와 남편 먼저 세상 떠나자
손주들 뒷바라지 핑계 삼아 대처로 떠돌던 그녀는
거동이 힘들어져서야 집으로 돌아왔다.
안방이나 문간방이나 정들지 않기는 매한가지였을까?
기어이 작은방으로 거처를 정한 그녀는
솟을대문도 대청마루도 우물도 사라진
오래전 광이었던 곳,
작고 아담한 창이 높은 방에서
이태를 관세음보살과 지냈다.

>

그녀의 방은
젊은 과부의 살림 곳간이기도 하고
늙은 보살의 도량이기도 하고
생의 마지막 정류장이기도 했다.

은하수

밤늦도록 사랑방엔 담배조리가 한창이었다.
모깃불이 어둠 속에 안개를 드리우고
오는 이 없는 동구 밖으로 개가 짖어댔다.

그때, 별들의 길을 본 적 있다.
가 본 적 없는 서편에서
끝 간 곳 없는 이편까지
하늘에 흩뿌린 유리알이 반짝반짝 빛났다.

그때, 봉숭아 꽃잎에 내려앉은 별 하나가
눈에 슬픔을
마음에 그리움을 넣어두었다.

내가 시인이 될 줄 알았을까.
그때, 그 여름밤을 환하게 밝히던 이들
별이 되어 하얗게 흘러간다.

웃덕디

아무도 찾는 이 없는 초저녁
별도 일찍 잠이 들어
온 동네가 미동도 없다.
외양간도 헛간도 없는
아부지의 이른 새벽도 고요하다.
고요하다.
아주 오래된 유물처럼
빈집이 늘어 가는 동네에는
부고訃告만 전해질 뿐
모든 순간이 저물고 있다.
낮인지 밤인지 알 수 없는
몇 번의 계절이 지나면
고요함도 사라져
고요하리라.

묵정밭

묵정밭에 풀이 무성하다.
젊은 아버지의 낟알이 익어가던 곳
앙상한 옥수수 한 그루 서 있다.
한 해만 묵혀도 속절없이 흔적을 지우지만
묵정밭의 풀이라고 아무렇게나 자라지 않는다.
아버지의 실을 따라 가지런하다.
그러니 그냥 잡풀도 아니고
쓸모없이 흔들리지 않는다.
나 또한 저곳에서 자랐으니
흔들리면 흔들리는 대로 살아라.
고랑을 울리는 바람 소리가 낯설지 않다.
묵정밭도 헛되이 늙지는 않았으니
풀숲 사이 홀로 서 있는 아버지,
저리 늙어가는 것도 다 이유가 있다는 듯
오늘도 묵정밭을 지키는 것이다.

아부지의 농사법

새벽이슬에 말끔히 몸단장하고
귀를 쫑긋 세워 아부지의 말에 귀 기울이느라
비스듬히 고개를 내민 고추들

아부지는 연신 말씀하신다.
아랫말 정묵이네가 모종을 했는데 가물어서, 여긴 물이 흘러, 로타리를 쳐 달라니까 장날에 바쁘다고……
누구에게 들으라고 하는 말인지,
정처 없는 아부지의 말이
메아리처럼 번지는 고추밭

누군가는 대답해야 할 터인데
수다스러운 아부지가 낯설기도 하고
대꾸하기 난감하기도 하여
서로 얼굴만 붉힌다.

볼 빨간 고추들
올 고추 농사도 풍년이다.

개팔자

　식구들 모이면 계축갑인癸丑甲寅 논쟁이 일기도 하지만, 나는 계축생인지 갑인생인지 알지 못한다. 장에 가신 할아버지, 막걸릿집에는 들러도 동사무소는 깜박하셨다나 뭐라나.

　나는 벚꽃, 목련, 진달래 지고 지천에 조팝꽃 흐드러지게 피는 날 태어났다. 말하자면, 산수유 잎이 돋아나고 복사꽃, 살구꽃 피는 곡우도 지나고 달이 한번 차고 담배밭에 두엄 퍼 나르던 누렁소가 거친 숨 몰아쉬던 늦은 오후, 어쩌면 초저녁 개밥 줄 때 태어났다.

　때를 알아야 정확한 사주가 나온다지만 시時는 그럭저럭 맞으니 꽃과 함께 피었다가 훌쩍 날아가 버리는 팔자일 거라고 짚어보는 것이다.

마늘

홀로되신 아부지가
장날 사다 주신 마늘을
처마 밑에 걸어 두었다.

긴 장마에 젖을세라 날아갈세라
파라솔도 접어 놓고
화분도 들여놓고
분주한 비설거지에도
미처 손닿지 않았던
아부지의 마늘.

괜찮다고, 나는
아프지도 외롭지도 않다고
또,
이렇게 있으면 된다고

탈 없이 지나가서 다행이라고
잠잠해진 나를 바라보고 있다.

전지剪枝

 아예 나다니지 못하게 다리몽둥이를 뚝 분질러 놔야 정신을 차리지, 매번 말뿐인 소리를 하고 있다.

 한 번도 다리몽둥이가 부러진 적 없었던 유년에도 그 말은 효과가 있어서 내 몸 안에 자라고 있는 것이 무엇인지 알고 싶기도 했다.

 싹수가 좋아서 그럴 일 없다는 말도 일리는 있어서 여태 옹이 진 삶을 살아내며 곁가지에 상처 남기지 않으려 애썼다.
 싹둑싹둑 잘라내기보다는 덧나지 않고 유연하게 자라도록 지켜주는 일이 다리몽둥이 뚝 분질러 놓겠다는 지청구란 것을 알겠다.

 식전 댓바람부터 아파트 화단의 목련, 산수유 가지 치는 소리에 생장을 멈춘 나의 겨드랑이 안쪽이 욱신거린다.
 그러니, 아들은 얼마나 간지럽겠는가.

유전의 법칙

 나를 자꾸 엄마라 부르지 마라. 엄마라 부르곤 이내 멋쩍은 웃음 보이지 마라. 아들아, 정글은 아주 위험한 곳이다.

 내게도 늙은 아버지가 있다. 산길에서 만난 너구리같이 날 슬피 바라보는 그런 아버지가 있다. 가문 땅 웅덩이에 온몸 드러내고 앉아 있는 두꺼비 같은 아버지가 있다.

 아가야, 넓은 바다를 홀로 헤엄쳐 나가는 고래가 되었을 때, 내 아버지의 마지막 노랫소릴 듣는다면 그건 운명 같은 것이다.

 아버지가 늙어서가 아니다. 그건 일종의 법칙 같은 것이다. 아버지가 날 낳고 내가 널 낳았듯이 언젠가 너의 바다로 홀로 떠나야 하듯이,

 먼 후일 바다를 가로질러 어느 정글에 닿거든 늙은 너구리와 두꺼비를 찾아라. 그리고 그들의 이름을 불러주어라. 네가 나를 엄마라 부르듯이.

연필 깎는 남자

반듯하게 비질을 끝낸
눈밭처럼 하얀 사각의 정원
마당을 가로질러 선을 긋는 그 남자
언제나 평행이 되도록
하나가 다른 하나에게 다가가지 않도록
다른 하나가 저 혼자 멀어지지 않도록
뭉툭하게 깎은 몽당연필 선 긋는 소리

찬 눈 속을 뚫고 나온 복수초를 그려 넣고
보도블록 작은 틈 비집고 나온 민들레를 그려 넣고
눈물 많은 물봉선을 그려 넣는다.
박봉에 시달리는 가장을 그리고
세상의 모순과 싸우는 이들을 그리고
당당하지만 여리디여린 그녀를 그려 넣는다.
한밤 잠 못 들고 질주하는 자동차 경적을
새벽녘 현관 앞 신문 놓이는 소리를
아침 안개를 뚫고 출근하는 발소리를 그려 넣는다.

>

한 땀 한 땀 수를 놓듯 소리를 모아 기둥을 세우고 지붕을 올린
음표로 만든 그녀의 집,
방 한 칸 세 들어
연필을 깎는 남자

제2부

명자꽃 붉게 피면

명자꽃 붉게 피면

명자, 그래 너를 명자라 부르자.
언 손 녹여가며 딱지치기하던 너의 얼굴도 잊었지만
명자꽃처럼 얼굴 붉히던 너를 명자라 부르자.
치마 속 너의 하얀 빤스를 보았던 날
두근대던 나의 심장이 활화산처럼 터져
울울鬱鬱이 명자꽃으로 피어나던 시절이었으니
너를 명자라 부르자.
방앗간 외진 골목에서 손을 잡던 일
볼록한 가슴을 놀리던 일
이사 가던 날 몰래 숨어 울던 일
기억 저편 마중물로 끌어올리는 세월이 되었지만
낮달이 뜨듯 가끔 옛이야기가 그리운 나이가 되면
설렘도 그리움도 하나같이 느껴져 문득,
너의 이름을 불러보고 싶은 것이다.
누구의 아내로 누구의 엄마로 살고 있을지
속물처럼 궁금해지는 것이다.

장미미장원 흰나비

오늘은 주민센터 노인대학 개강일
김장철 고갱이 실한 배추 포기처럼
빠글빠글한 어머니들이 강당에 모였어요.
모두 오십 년은 거뜬히 넘은 장미미장원산이죠.

장미미장원은 배추 생산지예요.
단옷날 파마가 추석 때까지 풀리지 않아야 해요.
똬리에 머리가 눌리거나
꽁꽁 동여맨 두건에도 흐트러짐 없어야 하죠.
집안일을 할 때나 들일을 나갈 때도
아주 오래, 오래 풀리지 않아야 하죠.
인근 동리 어머니들의 단골인
장미미장원만 한 곳이 없죠.

배추도 오래 묵으면
희끗희끗 색이 변해서
노인대학 배추밭은
흰나비가 너울너울 춤을 추죠.

정갈하게 늘어선 배추밭을
하염없이 바라보고 있으면
흰나비 하늘로 오르곤 하는데요.
곧장 오르는 법 없이
배추밭 곳곳에 앉았다 가네요.

괜스레 눈시울 붉어진 내게도
잠시 머물다 가는
장미미장원 흰나비

푸른 그늘

말복 가까워지면
천렵해서 먹던 맛이 그리워
떼쓰고 보채는 아이처럼 찾아간
옥천군 청산면

청산은 생선국수만 유명한 것이 아니어서
구름이 보청천 너머 산 그늘과 동행하듯
아무 이유도 묻지 않고 함께 와준
나무 그늘 같은, 포근한 솜이불 같은
시인 곁으로
백운리 구름이 내려앉았다.

널찍한 품으로 그늘을 만들어주는
갈참나무 같은 김은숙 시인과
늘 같은 마음으로 올곧게 푸른
가문비나무 같은 류정환 시인과
백운리에 구름으로 내려앉은
구상나무 같은 이원익 시인과

도리뱅뱅이에 막걸리도 한잔 둘러앉으니

나는
푸른 그늘이 그리웠던 것이다.

백운리 구름의 배웅을 받으며
청주로 돌아오는 길
마음에 푸른 싹이 돋아나
간질간질, 나풀나풀해서
나는 자작나무 구름숲이 되는 꿈을 꾸었다.

노년의 주막

고기 굽던 화덕은 덕지덕지 시멘트로 봉합했다. 육자배기 한 자락에 치마폭이 들썩들썩하던 주인도 80년 세월을 훌쩍 넘겼다. 서로 살 부대끼며 막걸리 나누던 청춘도 어느덧 백발로 덧칠해져 덩그러니 앉아 있다. 유리컵에 소주 한가득 따라 놓고 움찔도 않는 할아버지의 마른기침에서 달그락거리는 소리가 난다. 잇몸이 부실하다며 한사코 손사래 치더니 노주인이 까주는 삶은 계란을 오물오물 먹는다. 한세월 함께 걸어온 사람들 같다.

나이 어린 손님이 막걸리 한 주전자 시켜 놓고 반들반들해진 막걸릿잔을 묵묵히 바라보고 있으니 노주인이 때 묻은 그릇에 멸치 대가리를 똑똑 따내 건넨다. 멸치에도 여러 해 손이 가 달그락 소리가 난다.

칠순 넘은 손님이 소주도 찾아 앉히고 잔도 갖다 앉히고 나서야 미리 준비해온 안줏감을 주인에게 건넨다. 가격표 없는 메뉴판이 있기는 하지만 주객이 따로 없으므로 굳이 형식도 필요 없다. 어디서 구해 왔는지 오징어 입이 비닐

봉지에 가득하다. 노주인은 헐거워진 부엌에서 뚝딱뚝딱 한 상 차려 나온다. 그제야 낡은 백열전구 아래로 저녁이 찾아와 앉는다.

우리는 서로 보듬으며 꽃이 된다

서울로 올라가는 아들을 기차역에 데려다주다가
도로 옆 야산에 흐드러지게 핀 밤꽃을 본다.
아카시아꽃 지고 나무가 초록의 옷을 막 입기 시작할 무렵이다.
꽃에는 관심 없는 아들은 시험을 망쳐 풀이 죽어 있다.

아들아,
꽃들은 함께 피지 않아.
자신이 필 때를 알고 있지.
그러니, 먼저 핀 꽃을 부러워하거나
조급해할 필요 없어.
세상 꽃이 함께 핀다면
벌과 나비는 얼마나 힘들까.
세상 모든 꽃이 함께 진다면
남은 날은 얼마나 쓸쓸할까.

그럼, 아빠는 언제 펴?
글쎄, 벌써 시들고 있는지 모르지.

아냐, 다시 필 거야.
그럴까, 우리 같이 필까.

되레 아들에게 위로받고 돌아오는 길
마음에 꽃 한 송이 피어났다.

우리는 서로 보듬으며 꽃이 된다.

감국의 계절

용화사 뒤뜰에 감국이 피었어요.
저녁이 무심천을 막 건너고 있는데
용화보전 처마 끝
별 하나 환하게 피었어요.

저 별이 보이나요.
137억 년을 건너온 꽃이에요.

칠존불 앞에 정좌하고
별이 뜨고 지는 곳으로
감국향을 담아 보내요.

그대가 소식을 접할 때쯤
나는 은하수를 건너고 있을 거예요.

보세요. 저 별, 우주가
감국의 계절로 접어들고 있어요.

설렁탕 한 끼

뼈까지 우려낸 육식의 식탁

홀로 온 그에게 앞자리를 내어주고
설렁탕에 밥을 만다.

뚝배기처럼 마주 앉은 작업복에서
녹슨 맛이 난다.

깍두기 국물에 맛없는 생이 칼칼해져도
쓸쓸하기는 마찬가지여서
우걱우걱 밥 먹는 소리에도 위안이 되는 시간

그 마음 들키고 싶지 않아
입천장 다 데도록
허겁지겁 먹어 치운

푹 고아진 한 끼

조선칼국수

일본 교토 우토로 마을을 다녀오며
집으로 가는 길
조선칼국수 간판이 환하게 빛나고 있다.

조선의 칼국수라.
조선의 맛은 어떤 맛일까.

멸시와 탄압을 견디며 꿋꿋이 지켜낸 우토로 마을
강제퇴거 명령에 굴하지 않고 끝까지 맞서 싸운
여성풍물단원의 눈물 섞인 맛일까.
내 아버지의 나라
북도 남도 아닌 하나였던 나라
재일조선인이 지키고 싶은 맛일까.
기억에서도 가물가물한
한국에서 온 이방인의 손을 반갑게 잡아주던
뜨시고 구수한 손맛일까.

언제건 청주에 꼭 가리라 다짐하던,

이미 늙어버린 우토로 마을 어머니들께
꼭 대접하고픈 조선칼국수가
환하게 빛나고 있다.

이웃

첨 보는 버스네
첨 보긴 임자가 안 타봐서 그렇지
일 년을 탔는디 이상하네
잘 타야지 엄한 데로 가니께
먼젓번은 저짝으로 돌아가서 혼났네
천안 가는 걸 인천 가는 버스를 타서⋯⋯
글씨가 써 있을 텐디
입구가 하나니께 헷갈려서⋯⋯
둘째딸네 애기 보러 가다가⋯⋯
하이고, 말도 마유. 우리 큰딸 애들 서이를 보다가⋯⋯

버스정류장
아주머니 둘의 이야기를 듣는다.
버스가 더 늦게 왔으면
개인 내력까지 들을 참이었다.

원래 이웃은 이렇게 허물없이
두서없는 말을 해도 되는 사이인데

버스에 올라 자리를 잡고
혹여, 이야기가 이어지지 않을까
귀를 쫑긋 세워본다.

한 정거장에서 탄 사람들이
다 이웃 같은 날이다.

그대 만나러 가는 길
— 광대 부부에게 바치는 노래

그대를 만나러 겨울 바다에 갑니다.

깊은 산골에서 자란 물이 작은 시내가 되기까지는 그대를 알지 못했습니다. 여린 물푸레나무 숲을 지나 강이 되었을 때 그대가 있음을 알았습니다. 처음 사랑이란 말을 배웠고 꽃피던 어느 날 그대를 만나러 먼 길 떠나기로 합니다.

유난히 비 많던 여름날 불어난 물살에 길을 잃기도 했으나 작은 마을을 지나고 번잡한 도심을 지나니 강심도 넓어지고 깊어져 곧 그대 곁이 멀지 않음을 알았습니다.

당신을 만나러 겨울 바다에 섰습니다.

깊은 산골에서 자란 물이 없다면 바다는 의미가 없습니다. 오래전부터 당신을 기다렸습니다. 얼마 전 산골을 떠나온 작은 물이 광활한 강이 되어 오는 걸 보았습니다. 머지않아 당신이 오리라는 것을 알았습니다.

어느 땐 강을 거슬러 올라 당신을 찾아가고 싶었지만, 나는 기다리기로 했습니다. 많은 이들이 사랑을 찾아 떠났지만 바다가 다다른 곳 역시 당신이 오는 길이란 것을 알았습니다.

 오늘 산골에서 자란 물이 바다에 도착하는 날입니다. 저 경계를 넘는 순간 강의 생이 다한다고들 말합니다. 그러나 바다와 강은 언제나 하나이며, 영원한 사랑입니다.

바람을 타고 나는 새
— 장호정 님께

비구름 뚫고 날아오르는 물 찬 제비 같기도 하고
수면 위를 사뿐히 뛰어다니는 물잠자리 같기도 하여라.
재재바르게 숲길을 헤치는 날랜 날다람쥐 같기도 하고
제 몸 사리지 않고 불 속으로 뛰어드는 부나방 같기도 하여라.
채송화 같기도 하고 엉겅퀴 같기도 하고
하늘하늘 코스모스 같기도 하여라.
애달픈 사연 하나쯤이야 허리춤에 매달고
춤을 추듯 거니는 발걸음은
온 길 돌아보지 않으며
서둘러 길을 나서거나 재촉하지 않네.
한 줌 햇살에 반짝이는 자작나무 잎처럼 나풀대는 옷자락
거친 물살을 가르는 돌고래의 유영이어라.
하이얀 고깔 쓰고 바람보다 가벼운 버선 신고
구름 위를 걷듯, 꿈속을 걷듯 하여라.
세상에서 가장 아름다운 노래 같은
사람이어라, 사랑이어라.

가문 들녘에 천고의 북을 울리듯
30년, 그녀가 걸어온 길
웅크린 고치를 뚫고
날아오르는 그녀의 길 위로
바람은 불어오고
꽃은 피고
새 한 마리 날아오르네.

바람을 타고 나는 새.

지나간다

지나간다.
한길에 떨어진 낙엽이
밤사이 낙엽을 밟고 간 이의 뒷모습이
리어카에 실린 한 무리의 박스가
박스 옆에 쭈그리고 앉았는 이가

지나간다.
원봉로 지나 무농정로
할인마트, 문구점, 은행, 미용실, 카페, 부동산, 학교, 학원이

지나간다.
사거리 멧비둘기가, 현수막이, 주인 잃은 자전거가

지나간다.
신호를 기다리는 이들과 앙상한 가로수와
낮게 내려앉은 하늘이

>

지나간다.
버스정류장의 텅 빈 고요 너머로
나보다 먼저 나를 지나간
그리운 이름이

지나간다.
어딘지 모를 종착지에 닿으면
나는 우두커니 서서
나를 지나가는 모든 것들과 함께

지나간다.

도라지꽃 피는 언덕
— 예술공장 두레 40년, 오세란 님께 바치는 노래

도라지꽃 피는 언덕에 가보셨나요.
두 손 모와 꽃잎을 받쳐들고
바람과 덩실덩실 춤을 추는 도라지꽃

도라지꽃 피는 마을에 가보셨나요.
도라지꽃 그늘에 옹기종기 광대들이 모여 살아요.
염쟁이도 살고, 막걸리 총각도 살고, 삼봉이도 살고, 귀동이도 살지요.
마을 작은애 돌각시는 노래도 잘하고 춤도 잘 추고 팔방미인이죠.

마을을 휘도는 강심을 따라
많은 이들이 일가를 이루어
마당에서, 현장에서
보듬고 위로하고
때로는 배꼽 빠지게 웃으면서 살아가지요.

오시거든 도라지꽃 그늘에 쉬었다 가세요.

꿈이라도 넋이라도
꽃 필 날 오겠다는 약속을 꼭 받아 가세요.

가시거든 도라지 꽃씨 정성스레 심어보세요.
도라지꽃 새하얗게 춤추는 세상이
얼마나 눈물 나게 아름다운지 알게 될 거에요.

하늘에 돛단배 몇 점 떠 있는 날
돌담 밑 도라지꽃 피면
마실 오시듯 놀러 오세요.

그대는, 우리는
늘
도라지꽃 피는 언덕에 있어요.

부탁해요
— 김명종 형의 결혼을 축하하며

 우리 명종이를 부탁해요

 우리 명종이는 시금치나물을 잘해요. 고기반찬이 없어서 그렇지 밥상은 참 정갈하게 차렸죠.

 우리 명종이는 화낼 줄 모르는 사람이에요. 당구 게임에서 지면 얼굴이 붉으락푸르락해지긴 했지만, 겉으로 표시 내는 그런 사람이 아니에요. 술도 곧잘 마시고 담배 피우던 시절이었으니 지금의 모습은 아니죠.

 우리 명종이는 참 순박한 사람이에요. 저녁이면 동네 비디오 대여점에서 테이프를 두 개씩 빌렸죠. 저예산 영화가 필요했지만, 꼭 순박한 영화도 한 편 빌렸죠. 어두 컴컴한 골방에서 도를 닦던 시절 이야기입니다.

 우리 명종이는 참 따듯한 사람이에요. 오랜 베트남 교류의 인연으로 맺은 장성한 딸들이 있어요. 마음으로 이어진 가족이죠. 이건 비밀인데요. 벌써 할아버지가 되었다네요.

>

 이러다 부처가 되는 것이 아닌가 했어요. 그 긴 시간 동안 한 사람만 바라보고 있었는지 누가 알았겠어요. 정말 이런 날이 올 줄 몰랐어요. 진짜 남편이 되고 아빠가 되는 날이네요. 이제는 텅 빈 집에 들어가 꽃과 나무와 대화하는 시간이 줄겠네요. 정좌하고 기도하는 시간도 백팔배 하는 시간도 줄였으면 좋겠어요.

 이제는 환하게 웃는 날들만 있었으면 좋겠어요. 우리 명종이 눈웃음이 얼마나 섹시한지 뭇 남성들도 반할 정도입니다. 세상 모든 사람이 오해해도 괜찮으니 웃는 얼굴 오래오래 봤으면 좋겠네요.

 이런 우리 명종이를 받아줘서 정말 고마워요. 말 안 해도 그대의 마음 알아요. 걱정하지 마세요. 우리 명종이 곁엔 좋은 사람들이 많으니까요. 그냥 행복한 나날만 생각하세요.

사거리 별다방

사거리 빨간 신호등
색이 바뀌기 전에
부고를 전합니다.

조문객이 길게 늘어서 건너갑니다.

갓길이 없어
들르지 못합니다.

간판 글씨가 닳고 닳아
무채색 별이 되어
가끔, 아주 가끔
신호등 속에 숨어
얼굴을 내민다고 하던데

멀고 아득하여서
부고만 전하고 갑니다.

붓의 길

주름진 붓에서
굴곡진 삶을 읽어 내린다.
곧은 듯하다가도
휘어져 내리고
끊어지는 듯하다가도
다시 이어진다.
삶의 내력이
서로 엉키어 선이 되고
묵이 되고
인생이 된다.

백발 성성한 붓이 가는 길
깊고 적막하다.

신

나의 발은 이상하게 생겨서
길이에 맞는 신은 볼이 작고
볼에 맞는 신은 길이가 짧다.

딱 맞는 신을 만나기란 어려운 일이라
신에 발을 맞춰 살아온 탓인지
발이 점점 작아져 모든 신이 헐렁하다.

매일 똑같은 신만 신는다고
마땅찮게 여기는 사람도 있지만
오래 신어 익숙해진
늘 신던 신이 좋다.

작고 아담하고 빨간 뾰족구두가
신 중에 제일이라는 이도 있지만
사람마다 자기만의 신이 있는 법.

맞지 않는 신을 믿을 순 없듯

나는
낡고 오래된
신이 좋다.

돌잔치

오늘 점심은 내가 살 겨.

왜?

내가 오늘부터 한 살여.

생일잔치 하는 겨?

자식들이 팔순 잔치 물어보길래 지인들 밥이나 먹게 한다니까 돈을 주더라고 지금까지 칠십 명은 넘게 샀어.

돌잔치 거하게 하네.

이제 애는 아니구먼!

어르신들의 이야기를 듣다가

팔순부터 진짜 인생의 시작이라면, 나는 뱃속에 생겨나지도 못한 셈이다. 짧고 치열하고 열렬한 삶도 괜찮겠다 싶다. 팔순부터 인생의 시작이라면 내가 꿈꾸던 세상은 도래하지 못할 것인데, 돌잔치 전에 사라지는 삶도 괜찮겠다 싶다. 오랜만에 흡족한 결론을 내리고 밖으로 나오니 발길 닿는 풍경이 낯설다.

반백半百의 세상이 오갈 데 없어졌다.

제3부

개망초 주막

왜가리

안개가 채 걷히지 않은 아침이었지.
풍물다리 너머
고층 아파트 꼭대기 몇 층을 수장시키고
밋밋한 구조물에 수초 몇 잎 심고
지나는 구름을 잡아다 넣어놨지.
출근길 자동차가 어지럽히지 못하게
겹겹 물살로 보호막도 쳐놓았지.
홀로 우뚝 솟은 바위에 서서
몸을 플라스틱 미끼처럼 말고
고개를 새침하게 돌리고 있었지.
하천 최고의 포식자답게
도시가 내려앉은 새로운 사냥터를
노려보고 있었지.

오래도록 발을 담그고
돌아서는 나를
물끄러미 바라보고 있었지.

민들레 신발

민들레 한 송이가 낡은 신발을 신었다.
반은 썩고 헤진 틈으로 흙이 켜켜이 쌓인 신
기능을 상실했으니 눈여겨보는 이 없을 테고
솜털처럼 바람에 몸을 맡겼으니
아무 데나 꽃 피울 수 없다고 마음먹었겠지.
그는 신을 버리고 어디로 날아갔을까.
바람 없이도 어디든 갈 수 있을 것인데
얼마나 가벼워졌기에
신발만 두고 바람이 되었을까.
사연이야 알 수 없겠지,
이제 민들레는 바람의 신을 얻었으니
여기저기 마음대로 다니다가
홀연, 가벼워진 몸으로
신을 벗어 두고 가면 그뿐.

하루살이의 군무

해 질 녘 호숫가
산 그늘 사이 햇살이 섬광처럼 빛난다.

그 찰나의 순간
하루살이의 분주한 날갯짓이 반짝일 때

호수는 작고 여린 주검을
온몸으로 받아들인다.

사랑이란
온전히 나를 버려야
찬란하게 찾아오는 것이라고

손 뻗으면 닿을
거기, 그대 있는 곳
하루살이 군무처럼

개망초 주막

오래 비워둔 자리
개망초가 낡은 비석처럼 서 있다.
미원이나 문의에서 청주장 오는 장꾼들이
지친 몸 쉬며 생을 다잡던 곳.

신작로가 나고 오가는 길 수월해지면서
주막은 흔적 없이 사라지고
기억에서도 지워진 자리에
일가를 이룬 개망초

대규모 아파트 단지가 들어서면
개망초 주막도 문을 닫고
생의 언덕을 힘들게 넘나들던
길의 흔적도 사라지겠지.

분평동 원마루에서
용암동 가는 길
개망초 주인장의 하소연이

무심천을 건너간다.

늙은 봄

도심 빌딩
버려진 작은 빈터에
쭈그려 앉은 노인이
봄을 뜯는다.

주름진 손에 쑥쑥 자라는 봄이
한 움큼 잡혀있다.

나는
오도 가도 못 하고
노인의 손을 핥는다.

늙은 손 하나가
여린 봄을 쓰다듬고 있다.

봄의 밀도

솔이끼가 상수리나무 밑동을 타고 오른다.
상수리나무에 자라는
푸른 솜털들
언 땅에서 줄기를 타고 오르는
봄의 전령들
낮고 촘촘하게
상수리나무 물의 길을 따라
숨죽여 이동하는 솔이끼부대는
양지바른 산모퉁이
진달래꽃 몽우리 맺히면
연초록 촉수를 치켜들고
일제히 솟아오른다.

플라타너스

지구 내부의 구조를 배우면서
저 뜨거운 불구덩이는 분명 지옥이라 생각했다.
염라대왕이 분노하는 날이면
땅 표면이 달아올라
불판처럼 뜨거운 거라 상상했다.
아무도 가보지 못한 미지의 세계,
지구에서 유일하게 불구덩이와 만나는 나무가 있다.

플라타너스
나는 안다. 앙상한 가지로 겨울을 견디며
땅속 깊이 뜨거운 물을 길어 올리는 너
얼마나 힘을 썼으면 근육질 몸이 되었을까.
노동의 흔적, 투쟁의 세월
이 사실을 아는 몇몇 인간이
겨울이 오기 전 나뭇가지를 잘라
혹여, 플라타너스 잎에서 불구덩이가 **빠져나오지 못하게 한다.**
그렇지 않고는 플라타너스 푸른 잎을 베어낼 일 없다.

>

플라타너스 힘줄이 선명하게 드러날 때마다
땅이 움찔움찔 몸서리를 친다.

여름의 길목에서

질경이, 별꽃, 민들레, 씀바귀, 토끼풀
봄의 꽃들 진 자리에
개망초가 눈꽃처럼 피었다.
벌노랑이꽃 사이로
계절이 오고 간다.

잠시 분주했던 봄이
장미를 피워 놓고 간 사이
꿈틀대는 여름

자리를 내어주지 않았다면
만나지 못했을 것들

계절은
조용하고 조심스럽게
부처꽃처럼 피는 것
마음에 생명 하나씩 품고
온몸을 다해

사랑한다고 말하는 것이다.

가을을 먹다

맹물에 호박 쓱쓱 썰어 넣고
한소끔 끓인 다음
찰진 반죽 넓게 펴
뭉툭한 칼로 썰어 넣은
칼국수

추석 장마 지나고
날이 서늘해지니
특별할 것도
딱히 비법도 없는
칼국수 한 그릇에

가을이
바다처럼 푸른 가을 하늘이
밀가루 반죽 같은 가을 하늘 구름이
부글부글 끓어 넘친다.

밀가루 반죽 치대던

엄마의 홍두깨 소리를 내며

씀바귀

작고 여린 꽃

나비가 갖고 노는
바람개비

너무도 선명한
번개의 꽃

노랑선씀바귀, 좀씀바귀, 선씀바귀, 흰씀바귀, 벌씀바귀

가까이 얼굴 맞대고
노랑선아, 인사하면
내 이름을 불러줄 것 같은

처서 處暑

풀벌레 여럿이
가부좌를 틀고 앉은 밤

치르치르
뚜르루, 삐—

풀벌레의 주문을 해독하다
실패로 끝난 새벽
공원에 나가보니

어찌 알았는지
동네 할머니들
알록달록 긴 옷을 꺼내 입고
곱게 단풍 들고 있었다.

달뿌리풀

날카로운 잎으로 무장하고
누구의 침입도 허락하지 않던 달뿌리풀
홍수에 잠겼던 강이 잦아드니
푸른 빛이 더욱 선명하다.
날 선 경계병처럼
강하게 일어선다.

서늘한 바람에 손을 베이고
기어이 붉은 피를 보고 말았다.

단풍의 계절
달뿌리풀도 열매를 맺고
흔들리지 않을 것 같던 풍경이 느슨해졌다.
서로가 서로에게 몸을 의지하고
살갗을 어루만진다.
서로의 어깨를 토닥여 준다.

서로에게 상처 주지 않으려고

푸른 칼날을 접고
부드러운 손을 내밀고 있다.
한 생이 한 생을 전해주는 일
강해질수록 유연해지는 몸
달뿌리풀은 그렇게 가벼워진다.

메꽃 편지

밤사이
그대 소식
궁금하였는데

꽃잎 속에
별 하나와
등불 하나
켜 두고 계셨네.

혹여
길 잃지 말라는
그대 당부였네.

우화羽化

나뭇등걸에 웅크린 매미가
몸에 숨구멍을 내고
마지막 허물을 벗고 있다.

짧은 삶이
서러울 법도 한데
서두르는 법 없이
여린 날개를 말리고 있다.

사랑할 준비를 마칠 때까지
보고 싶다는 말
꾹꾹 참아가며
기다릴 줄 안다.

사랑은 그런 것이라고
목 놓아 울 줄 안다.

까실푸른산국

까칠하고
새초롬하고
곁을 내어주지 않을 것 같은
까실까실한 꽃

남쪽에선
까실쑥부쟁이
북쪽에선
까실푸른산국

홀로 외롭고 쓸쓸하여
함께 모여 살라고
그리움을 담은 꽃

남과 북
경계 없이
아무렇지 않게 피는
푸른 마음으로

하나 되는 꽃

내가 살고 싶은 나라는
까실푸른산국

비둘기가 날아오른 역사적 순간

비둘기 한 마리
인적 드문 버스정류장에서
빵 부스러기를 쪼고 있다.
스펀지 같은 조각을 입에 물고
부리를 흔들고 흔들다 떨어지면
다시 머리 처박기를 반복하고 있다.
나는 안중에도 없다.
씹다 버려진 껌처럼
괜한 심통이 나
허공에 주먹질을 하니
후드득 산수유 가지에 앉는다.
놀란 나도 펄쩍 뛰었지만
어디로도 날지 못했다.
그래, 비둘기에게는 날개가 있었다.
비둘기는 날 수 있었어.
엄청난 비밀을 알아버린 듯
산수유 꽃망울이 움찔거렸고
비둘기가 날아오른 역사적 순간

나는 흩어진 빵 부스러기를 발로 툭 차버리곤
시치미를 떼었다.

수선화

담이 낮은 골목을 걷다가
좁은 마당 구석에 핀
수선화를 본 적 있어.

어느 볕 좋은 오후
내 몸은 온통
노란 바람이 들었던 거야.

알고 있니?
깜깜한 밤에도
널 보러 다녀간 걸.

제4부

이방인들의 대화

함께 가는 길

함께해야 멀리 갈 수 있나 봐.

기러기 무리 빈 들에 내려앉아
서로 몸을 기대며 쉬듯

네가 있어 여기까지 올 수 있었다고
함께 있어 힘이 되었다고
함께 가는 길이 희망이라고
옹기종기 모여 이야기 나누는가 봐.

가야 할 길이 같아야
함께 보듬을 수 있나 봐.
힘들고 지쳐도
서로 의지하며 갈 수 있나 봐.

해지는 곳으로
날아오를 용기가 생기나 봐.

호상 好喪

봄 그늘에 앉아 책을 읽던 때였나
벚꽃 흩날리는 날이었나
장미 터널에 흐드러지게 꽃이 필 때
혹은, 날 좋은 늦은 저녁 낙가천 정자에 앉아 달을 보던 때
아니면, 물소리에 흥겨워 시름없는 생인가 싶을 때였나
어쩌면 연초록 이끼 위에
배롱나무 꽃잎으로 이름 없는 사랑을 노래하던 때였었나

분분히 찾아오던 설렘
한순간 폭삭 늙어도 좋겠다 싶은 날

벌노랑이 꽃잎 책갈피 삼고
마지막 책장을 넘기며
잠이 들어도 좋겠다 싶은
그런 날이

몸살

'ㅁ'을 'ㅗ'가 위태롭게 받치고 있고
다시 'ㅁ'이 그들을 받들고 있다.
이것이 몸이다.

사람들은 위태로운 것을 용서하지 않는다.
그러므로 아래의 'ㅁ'이
무게를 다 받아 내며
쓰러지지 않으려 몸부림치고
위 'ㅁ'이 중심을 잡으려
얼마나 노심초사 살아왔는지
늘 상처뿐이다.

그러므로
몸과 살이 만나면
한동안 아파야 한다.

촘촘한 저녁

점심나절부터 시작한 작업이
해질녘이 오도록 끝나지 않았다.
처마 밑 조명이 자리한 곳부터
벤치 앞 가벽 사이
촘촘하게 저녁을 준비하는 거미
곧 날이 저물고
가로등이 켜질 시간
우리는,
부나방처럼 달려들 준비를 마쳤다.
저녁이면 찾아오는 고양이처럼
발톱을 숨기고
먹이를 구걸하거나
위장偽裝을 통해 먹잇감을 구하거나
둘 중 하나다.
한번 발을 헛디디면 끝날 것 같은,
타닥, 탁, 탁
방사형 그물을 용케 빠져나와
해충퇴치기에 머리를 처박은 벌레들처럼

저녁은 그런 시간이다.

아주

아주, 아주
아주, 아주 아주행 버스가 간다.
아주까리기름 곱게 바르고
아주, 아주 아주머니 보따리 하나 챙겨 간다.
아주, 가는 것도 아닌데
아주, 오지 않을 이처럼
아주, 아주 아주행 버스는 서둘러 강을 건너간다.
아주, 오래전 이야기지만
아주, 아주 곱게 늙다가
아주, 아주 먼 곳으로 떠난
아주, 아주 아주댁 아주머니
아주, 아주 아주행 버스를 기다린다.

콩나물국

콩나물국을 끓여 놓고 보니
동자승 까까머리 같은 콩나물 대가리만 동동 떠 있다.
마늘도 없고 파도 없이
흔한 고춧가루도 없이 허여멀겋다.
이것도 국이라고 먹어야 하나?
올챙이 떼 같은 콩나물을 쳐다보고 있다가
삶이란
동자승으로 태어난 유신에
남루한 숟가락 하나 얹는 일이니
뭐가 더 필요하겠는가.
싱거운 인생에
소금 한 숟갈 넣으면 그만인 것을

시청 앞 은행나무 까치집 노주인의 당부

언제 신작로 공사를 했는지 가물가물하네. 원래는 기찻길 옆 작은 숲이었는데, 역이 다른 곳으로 이전하고 철길도 철거되면서 4차선 길이 되었지. 그때는 여러 집이 있었지. 공원 만든다고 아름드리나무가 통째로 뽑혀나갔어. 용케 은행나무는 살아남았지. 이웃 따라 떠날까도 생각해봤는데, 다른 곳에 정붙일 엄두가 안 나더라고. 바로 앞으로 버스정류장이 생기면서 사람들도 오가고 더울 땐 그늘 밑에 앉았다 가기도 하고 단풍 구경에 넋을 놓기도 했지. 이것도 사는 재미다 싶었지.

그래도 이웃할 벗이 있으면 좋은데, 요즘은 통 오지를 않아. 몇 해 전에 신혼부부가 왔었는데 바로 이사하더라고. 구룡산이라던가, 잠두봉 공원 어디라 하던데, 새집이 하도 생겨서 어딘지도 모르겠어. 헌 집은 이제 아무도 안 와. 나 떠나면 이 은행나무는 누가 지키나 몰라. 그게 젤 걱정이지.

아무튼, 떠나기 전까지는 나무도 잘 지키고 집도 잘 보수하고 새집처럼 해놓으려고 그래야 누가 오든 기분 좋게 살다 갈 것 아닌가. 나 죽기 전까지는 재건축이 안 돼야 할

텐데, 혹시 나 없어도 가끔 와서 둘러보고 가.

자네가 와서 살면 십상 좋겠네.

안개 속에서 기형도를 만나다

안개 속에서 기형도가 걸어 나온다.
저벅저벅
기형도의 안개 속에서는 여직공이 죽었다.
아무도 모르게
그러나 나의 안개 속에서는 아무도 죽지 않는다.
도시에는 살아 있는 것들이 없으므로 죽음이 없다.
가끔 철탑에 오르거나
아파트 화단에서 싸늘한 시체가 발견될 때
우리는 존재에 대해 사소하게 수군거릴 뿐이다.
그러므로 나는 죽음의 터널을 지나고 있다.
희미한 숨소리와 맥박의 진동을 들키지 않으려고
야반도주하듯 안개 속을 지나는 것이다.
안개 속에서 마주치는 모든 것들은
이미 죽어 있거나 존재하지 않는다.
우리는 그렇게 살아 있음을 숨기며
도래하지 않을 죽음을 향해 걸어간다.
그러니
안개 속에서 기형도가 걸어 나온대도

이상할 것이 아무것도 없다.

유골遺骨 같은 사월

'인양된 선체에서 발견된 유골은 DNA 분석 결과 단원고 학생이 맞습니다.'

사월, 봄날이었다.
벚꽃잎이 비에 젖어
지상에 떨어지는 날이었다.

망설임도 주저함도 없이
하얀 재를 날리며 사라진 봄날이었다.

꽃 진 자리마다 환한 봉분이 올라왔다.
누구의 죽음이 저토록 찬란할 수 있을까.
꽃들은 서둘러 열매를 품고
기어이 사월의 강을 건너고 있는데,

거기, 심연의 바닷속
춥고 어두운 세상에도
봄이 오고 꽃이 피고 질까.

\> 　잘 지내냐는 안부도
　미안하다는 말 한마디 없이
　유골 같은 사월이 지나간다.
　보고싶다는 말
　차마 할 수 없는 사월이

꿈길같이 오시는 날

압록강 건너, 끝내
한 줌 재가 되어 돌아온 그대여
오직 민족의 독립만을 생각한 멀고 험한 길
80년의 세월이 흘렀지만, 어찌
당신의 정신을 잊을 수 있겠습니까.

그러나 세상은 병들고
평화의 땅 제주 강정엔 미해군기지가 건설되고
어린 생명을 앗아간 팽목엔 서글픈 원한뿐입니다.
사사로운 권력에 국민의 주권은 농락당하고
독립운동가와 열사, 혁명가는 빨갱이로 내몰리고 있습니다.
단재여!
꿈에서도 죽어서도 이루고자 했던 세상이
남북으로 나뉘어 이렇게나 비참한 세월입니다.

단재여!
언제 오시렵니까.

꿈길같이 오시는 날
눈 속을 뚫고 한라산엔 복수초 피어나고
우수 지나 비 내리면 유채꽃 만발할 것입니다.
남도 동백 지고 바람 불면
지리산에도 금강산에도 순백의 꽃비 내릴 것입니다.
피보다 붉은 영변의 약산 진달래도
백두산 천지의 이름 모를 꽃들도
산줄기를 타고 물줄기를 따라
수천만 촛불로 피어오를 것입니다.

단재여!
언제 오시렵니까.
언제쯤 긴 잠에서 깨어
하늘북을 울리시렵니까.

오래된 것

내겐 오래된 것이 많다.
가령, 결혼식 때 입었던 양복이나
10년은 훌쩍 넘은 티와 바지들
판매원에게 속아 산 팔 짧은 잠바와
언제 샀는지도 모르는
발목 다 늘어난 양말이 있다.

새것을 사지 않는 습관은
가난한 빈농의 유산일까.
낯선 것에 대한 불편함일까.

그렇다고 오래된 것을 붙들고만 살 순 없다.
팬티 천이 밴드 부분에서 떨어져 나갔다.
이제 버려야 한다.
나이가 들수록
버려야 할 것들이 많아진다.

어떤 이들은 나보다 먼저 나를 떠났다.

할아버지, 할머니 그리고
엄마

오래된다는 것은 낡아 간다는 것
낡아간다는 건
버리든 버려지든 결정해야 하는 것

언젠가 오래되고 낡은
내가 나를 떠나야 하듯이

노아의 방주

지구는 대홍수 시대로 접어들었다.
삼백예순 날 폭우가 지속할 것이며
인간이 만든 가장 높은 빌딩과
인간이 오를 수 있는 가장 높은 산과
꽃과 동물과 생명 모두를
집어삼킬 것이다.

그러나 인간의 역사는 계속되어야 한다.
권위적이고 고지식하고
명예와 부를 지키기 위해
비리와 부정을 일삼는 인간을 태워
물질만능주의와 속물주의를 보전할 것이다.
그러므로
권력과 재산만을 좇고
베풀 줄 모르며
안위만을 추구하는 이들을 배에 태워
태평양 한가운데로 갈 것이다.

>

서서히 아주 자연스럽게
배가 가라앉으면
세상은 변할 것이다.

고목古木처럼 앉아 밤을 맞다

 싸늘한 저녁이 바짝 다가와 앉는다. 앉은키만큼 그림자가 드리웠으나 식어가는 커피처럼 여위어 갔다. 걸어온 생이 오래다 보니 그림자마저 시큰둥해지는 날, 살을 에는 듯한 추위뿐, 그러나 나는 겨울에 이별하지 않았다. 그러니 쓸쓸할 것도 가슴 아플 일도 없다.

 멀리 운동장 서치라이트 불빛이 고기잡이배처럼 보일 때도 그렇다. 그렇다. 한 번도 이별을 겨울 바다에 말한 적 없었고 하늘을 나는 고래와 마주쳤을 때도 태연했다. 먼 항해에 지친 어부와 오래도록 이야기한 적 있었지만, 그때가 언제였는지 그가 누구였는지 기억나지 않는다. 춥고 어둡고 인적 없는, 마치 호미골 어디쯤이었을 거라고 흘러간 옛 노래처럼 흥얼거릴 뿐이다.

 긴 겨울밤은 별들도 할 일이 없어 느리게 흘러가고 느리게 잠을 자서 아무리 숨기려 해도 고목처럼 늙어가는 나를 자꾸 훔쳐보게 된다.

권태

　어떤 성격인지, 무슨 직장을 다니는지, 정치적 신념 따위는 묻지도 말고 궁금해하지 말아야 한다. 그렇게 그날 밤의 역사는 어디에도 기록되지 않고 지나는 바람처럼 기억되지 않아야 한다. 그리하여 나는 세상에 존재하지 않는 유물로 남아야 한다. 혹여, 누군가에게 가혹한 인생을 안기더라도 죽어 마땅하단 비난도 인륜도 모르는 후레자식이란 말도 떠돌지 않길 바란다. 빈들에 서성이는 까마귀 떼처럼 소리 없이 찾아와 요란하게 떠나고 싶지 않다.

　존재란 시시때때로 헛소문을 내기 마련이니 모든 순간을 지워야 한다. 횡단보도에서, 서점에서, 국숫집에서, 후미진 공중화장실에서 마주친 모든 순간을 잊어야 한다. 그러므로 나는 그림자처럼 소리 없는 존재다. 죽지 않을 만큼 살아남으려면 모든 슬픔을 어깨에 짊어지고 낯선 거리를 찾아 나서야 하는 법.

　긴 어제를 무사히 살아남으려면.

이방인들의 대화

꼭, 오늘처럼 달빛은 차고 가벼운 몸짓으로도 어디든 갈 수 있을 것 같은 날이었다. 처음 와보는 장소에서 나를 발견하는 날처럼, 그들의 대화는 나를 의식하지 않았다. 공습을 알리는 민방위 방송처럼, 알아들을 수 없는 선거유세처럼 그들과 나는 격리되어 있었다. 다만, 그들이 달빛을 틈타 나에게 온 것인지, 나의 몸짓 때문에 그들 곁으로 간 것인지 알 수 없었다.

모퉁이를 돌면 다른 세상이 있을 거라고 믿던 시절, 열일곱 멀어져 가는 유년과 작별하고 도회지로 오던 날이었다.

언제나처럼 우리의 대화는 늙고 병들었다.

발문

연필 깎는 남자와 자작나무 숲

정민 | 시인, 문학평론가

영범은 순후醇厚하다. 진하며 맑고 도타운 사람이다.

  진하며 맑고 도타우려면 시간과 노력이 쌓여야 한다. 음식이 그렇다. 특별히 장과 술이 생각난다. 콩을 키우고 메주를 띄우고 장을 담그는 과정에 1년이 꼬박 걸리지만 거기서 끝나는 게 아니다. 발효하고 숙성하여 진하며 맑은 맛을 갖기까지 또 얼마나 걸릴지 모른다. 벼농사를 짓고 누룩을 만들고 밥을 지어 말렸다가 독에 안쳐 발효시켜 막걸리를 만드는 데도 1년이 걸린다. 이를 거르고 익히고 다시 불을 지펴 소줏고리에서 한 방울 한 방울 떨어지는 소주를 받아 모아 적당한 온도에서 숙성하여 맛을 내려면 또 얼마나 걸리겠는가. 이 시간을 온전히 들여야만 진하고 맑은 장을, 소주를 얻을 수 있다. 제대로 된 장이나 술의 맛을 사람들은 '깊다'고 표현하는데, '깊은 맛'은 진하면서도 맑고, 맑으면서도 진하다.

깊이는 두께를 갖는다. 두께는 눈에 보이기도 하고 보이지 않기도 하다. 맛의 깊이-두께는 보이지 않는다. 그런데 우리는 맛을 '본다'고 하고 또 맛이 '깊다'고 말한다. 맛을 '본다'고, 맛이 '깊다'고 처음 말한 사람은 어떻게 맛을 '보다'·'깊다'와 손잡게 할 생각을 했을까? 그는 '보이지 않는' 깊이와 두께를 분명 느꼈을 터인데, 맛을 미각만이 아니라 오감 모두로 느낀 것을 표현하려 했을 것이다.

장과 술이 깊은 맛을 내려면 숙성의 과정을 거쳐야 한다. 숙성이란 말의 밑바닥에는 시간이란 말이 깔려 있다. 그 시간의 특성은 기다림과 변화인데, 뾰족한 맛을 부드럽게 하고 풋내를 은은하게 익힌다. 이때 맛은 향香을 입는다. 장을 달이기도 하고, 소주를 여러 번 내리기도 하는데 이러한 모든 과정에서 맛이 깊어진다. 이때 두께의 무거움이 없어진다. 도타워지는 것이다. 진하고 맑아지는 것이다. 이제 맛은 향과 함께 부드럽고 은은하다. 아름답다.

시간을 쌓는 행위는 기다림이다. 기다림은 정성精誠의 다른 말이며, 정성은 반복되는 행동의 지속으로 갈고 닦은 마음이다.

정성은 '오래'라는 말을 품고 있다. 기다림도 '오래'라는 말을 품고 있다. '깊다'도, '도탑다'도, '맑다'도, '진하다'도 모두 '오래'를 품고 있다. 어쩌면 '오래'가 기다림, 깊다, 도탑다, 맑다, 진하다의 씨앗일 수도 있겠다.

'오래'가 씨앗이라면 위에 쓴 말들은 오래되었다. 오래된 것들은 누군가에게는 익숙하고 다른 누군가에게는 낯설다. 익숙한 자들은 늙었고 낯선 자들은 어리다. 익숙한 자들은 오래된 것들과 함께 낡아가고, 어린 자들은 낯선 것들을 알고 싶어 하지 않는다. 하지만 때로 어린 이 가운데도 이미 익숙한 자가 있다. 그는 이미 늙거나 낡았다. 대개 촌놈이다.

영범은 오래된 말에 익숙하다. 그의 말이며 행동을 볼작시면 꼭 칠팔십 먹은 시골 노인일 때가 많다. 거의 그렇다. 아니 항상 그런 것 같다. 그가 시골에서 태어나고 자라서일 수도 있겠으나 그것만으로는 설명이 안 되는 오묘한 느낌이 있다. 오래된 사람이랄까? 가벼움게, 나이보다 훨씬 더 멀리서 천천히 밀려오는 느낌이 있다.

영범은 나보다 두 살 어리다. 그런데 형같이 느껴질 때가 많다. 삼십 년 넘게 영범과 가깝게 지냈는데 영범이 나보고 "형" 하고 부를 때마다 기분이 이상해지곤 했다. 친척 어른께 세배를 가면 항렬 낮은 어른이 어린 나보고 "아저씨" 하고 부르면 얼른 대답하지 못하고 가만히 서 있던 것처럼, 나는 "어", "어?" 하고 대답을 얼버무렸다. 한번은 영범보다 열 살은 많은 형이 영범보고 자기보다 나이가 많은 줄 알았다고 말했다가 영범이 노발대발한 적이 있는데, 아무튼 훤칠한 영범이 얼굴에 살이 빠지면 주름이 좀 많아져 나이가 들어 보이긴 한다. 욕을 먹더라도 어쩔 수가 없다, <u>ㅎㅎㅎ</u>.

하지만 저나 나나 쉰이 넘어 같이 늙는 처지에 나이가 무슨 상관이랴, 하다가도 술이라도 한잔 먹고 싶어 그를 떠올리면 문득 호랑이띠라 우기는 영범이 쥐띠인 나보다 한 살이라도 적은 게 맞는지 정말 궁금할 때가 있다. 영범의 형제들은 그의 나이를 따지며 소띠와 호랑이띠 사이를 오간다지만, 술 좋아하시는 할아버지가 장날 막걸릿집에 들렀다가 출생신고는 잊어버리고 약주 드시다 그냥 오신 날이 한두 해뿐이었을까? 시의 제목을 "개팔자"라고 한 걸 보면 경술생 개띠일 수도 있지 않겠는가. 진하고 맑고 도타운 사람을 떠올리며 나는 이렇게 싱거운 생각을 다 해본다.

 나는 벚꽃, 목련, 진달래 지고 지천에 조팝꽃 흐드러지게 피는 날 태어났다. 말하자면, 산수유 잎이 돋아나고 복사꽃, 살구꽃 피는 곡우도 지나고 달이 한 번 차고 담배밭에 두엄 퍼 나르던 누렁소가 거친 숨 몰아쉬던 늦은 오후, 어쩌면 초저녁 개밥 줄 때 태어났다.

때를 알아야 정확한 사주가 나온다지만 시時는 그럭저럭

맞으니 꽃과 함께 피었다가 훌쩍 날아가 버리는 팔자일 거
라고 짚어보는 것이다.

—「개팔자」 부분

  영범은 자신의 탄생을 이렇게 그려 놓았다. 50여 년 전, 봄이 여름으로 건너가는 어느 한 날의, 충청남도 천안시 동면 화덕리 웃덕디 마을의 초저녁 풍경이다. 얼핏 흑백사진처럼 느껴질지 모르겠지만, 저 고즈넉한 풍경 안에 한 아이의 탄생이라는 엄청난 사건이 있다. 그리고 그 앞뒤로 얼마나 많은 이야기가 숨어 있을 것인가.
  "꽃과 함께 피었다가 훌쩍 날아가 버리는 팔자"라니, 사주팔자에 그런 팔자가 있는지는 모르겠으나 시인의 팔자로 나쁘지는 않겠다.

  영범이 한번은 자기 돌잡이 이야기를 했다. 돌잔치 상에 연필, 돈, 실, 낫, 삽, 호미가 죽 늘어서 있는데 낫을 잡았다는 것이다. 그래서 자기가 낫질에 이골이 났단다. 낫의 신이라나 뭐라나? 돌잡이 상에 낫이나 삽을 놓았을 리 만무한데도 이상하게 그 얘기가 참말같이 들렸다. 어려서 꼴을 베러 다녔는데 한 손으로 쓱쓱 쓱쓱 낫질을 해서 착착 그러모으면 금방 한 짐 했단다. 커서 다른 사람이 깨질깨질 낫질하는 것을 보면 답답해서 결국 자기가 손을 걷어붙이

고 일을 하고 만다고, 불평 반 자랑 반 말한다.

 얘기가 가지를 쳐서 동네 냇가에서 맨손으로 물고기를 움켜잡아 한 솥 찌갯거리를 만드는가 하면 벼농사부터 담배 농사까지 뭐 모르는 농사가 없다. 그가 담배 조리하는 얘기나 닭이나 참외 서리하는 얘기를 하면 꼭 시골에서 농사일로 평생을 늙어오신 노인회장님이나 이장님 얘기를 듣는 것 같다. 지금은 볼 수 없거나 보기 어려운 오래된 풍경이다. 하지만 영범에게는 지금에 이르게 한 오롯한 삶이자 역사다.

 웃덕디. 영범이 나고 자란 마을이다.

 웃덕디는 아랫덕디, 화칭이, 중리, 도명골, 안터, 풍계골, 탑골, 후잉이 같은 크고 작은 마을과 어울려 있다. 그 마을들 주변과 사이에 이런 곳도 있을 것이다. 가는골, 동그랑말랭이, 양물랭이, 당골, 동구, 당산나무, 상엿집……. 이름들이 참 정답다.

 쇠죽, 못자리, 지게, 자갈밭, 툇마루, 여물통, 누렁소, 꽃가마, 꽃상여, 상고머리, 날품, 감물댁, 입춘, 비알길, 판잣집, 산동네, 30촉, 참, 새참, 마실, 돼지저금통, 딱지. 영범의 첫 번째 시집 『김씨의 발견』에서 골라본 말들이다. 어떤 말에서는 땀 냄새가 난다. 어떤 말 앞에서는 피식 웃음이 나고, 다른 말 앞에서는 핑그르르 눈물이 고인다. 어떤 말은 가엾고 어떤 말은 따뜻하다. 그 느낌은 그 말과 함께 내 살갗 안으로 들어와 몸 구석구석을 돌고 나서는 연기처럼 조금씩 흩어진다.

 똥수깐, 똥물, 망태기, 쟁기, 상여, 제삿밥, 무명치마, 경운기, 소달구지, 도깨비비, 대들보, 아궁이, 가마니, 마루, 광, 담배조리, 사랑방, 방앗간, 천렵, 화덕, 백열전구, 리어카, 염쟁이, 홍두깨, 신작로. 이번 시집에서 뽑아 본 말들이다. 모두 오래되었다. 다들 늙고 낡았다. 어떤 시간 너머에서 온 그 말들은 도시의 골목을 서성거리다 다시 그 시간 너머로 사라진다.

 그래도 정답다. 저 말들이 내 눈에 처음 닿았을 때 나는 참 정다웠다. 그러고는 천천히 쓸쓸함과 그리움이 섞여 살갗으로 배어들었다. 아마도 저 말들이 영범의 유년이었을 것이며 또한 내 유년이었기 때문이리라. 익숙했던 것이어서 정다웠고, 많이 떨어져 있다가 이제는 점점 만날 수 없을 것이라는 예감이 들어서 쓸쓸하고 그리웠다.

 하지만, 저 말들이 어찌 정답기만 하랴. 1980년대까지 시골에 사는 대부분의 아이들은 이오덕 선생이 표현한 대로 '일하는 아이들'이었다. 자잘한 심부름에서부터 빨래, 청소, 밥 짓기 등 집안일을 돕고, 소 꼴을 베거나 가축의 밥을 챙기고, 고추 등 각종 모종을 심고, 크고 힘이 닿는 애들은 모심기부터 벼베기까지 거의 모든 농사일을 도왔다. 누가 힘든 일을 좋아할까? 더욱이 10대의 어린아이와 청소년에게는 일이 재미없고 힘에 부칠뿐더러 집의 가난을 받아들이기가 훨씬 힘들다. 그래서 꾀를 내어 도망가기도 하지만 그것도 한두 번이지 가난과 일의 굴레를 완전히 벗어날 수는 없다.

그러다가 고등학교를 졸업하고는 대부분 도시로 나가는데 한 부류는 돈을 벌러 가고 다른 부류는 대학에 간다. 그리고 어찌어찌 나름대로 밥벌이를 하며 도시의 한 모퉁이에 정착하여 산다. 명절이나 특별한 날이 되면 선물꾸러미를 사 들고 고향의 늙으신 부모님을 찾아뵙는다. 어른이 된 '일하는 아이들' 중에는 고향의 어린 시절이 정다운 추억으로 다가오는 사람이 있는가 하면 생각하기도 싫은 사람이 있을 것이다.

도시인으로 사는 그들은 농삿일을 하지 않고 2, 3, 4차 산업에 종사한다. 누구는 시골집을 고치거나 다시 지어 드리고, 누구는 부모를 도시로 모셔 오고, 누구는 요양원에 모시고, 누구는 부모를 떠나보내고 시골집을 비우거나 별장으로 이용한다. 1960년대와 1970년대 시골 태생들의 오륙십 년 인생이 여기에서 크게 벗어나지 않을 것이다. 1980년대 태생까지도 포함될 수 있겠다.

하지만 1990년대부터는 다르다. 1960, 1970년대생 부모 아래 태어난 아이들은 '일하는 아이들'이 아니다. 1990

년대 이후 아이들은 대부분 도시에서 나고 자란다. 시골에서 태어나고 자란다고 해도 그들의 삶은 도시의 방식과 다르지 않다. 그들은 도시(적) 아이들이다. 그들은 그들의 부모와 다르다. 뻥 좀 튀겨서 말한다면 스마트폰을 들고 태어나는 그들은 그들 부모와 종種이 다를지도 모른다. 그들은 시골에 살아도 촌놈이 아니다.

 이러한 아이들도 '웃덕디'와 같은 시골의 말들을 정겹게 느낄까?

 아닐 것이다. 정다움과 그리움은 경험과 기억이 쌓여야만 생겨나는 감정이다. 웃덕디 큰 마당에서 놀던 아이와 아파트 놀이터에서 노는 아이의 정서가 어찌 같겠는가. 도시에서 태어나고 자란 아이들에게 저런 말들은 낯설 것이다. 어떤 말들은 들어보지도 못해서 사전을 찾아보며 갸우뚱하다가 내팽개칠지도 모른다. 저것들은 시골의 말이어서 도시의 아이들은 저 말들의 감촉을 온전히 느낄 수가 없다.

 영범의 아이는 영범과 다르다. 어린 영범은 '일하는 아이'였지만 영범의 아이는 도시 아이다. 영범의 시대와 영범 아이의 시대는 구별된다. 요즘 말로 하면 영범은 X세대이고 영범의 아이는 MZ세대이다. 영범이 '모던보이modern boy'라면 영범의 아이는 '포스트모던보이postmodern boy'다.

앞의 시골말들이 정다운 이들은 시골에서 태어나 자란 사람이다. 촌놈이다. 저 말들이 정다운 사람은 도시에 살아도 촌놈이다. 촌놈은 뿌리가 흙에 있기 때문이다.

나는 똥 퍼먹고 자란
흙의 자식이다.
이 똥으로 말할 것 같으면
할아버지의 할아버지가 대대로 누던 똥이다.
똥 푸는 날이면
할아버지의 할아버지 똥 냄새에
온 동네 흙들이 몸살을 앓았다.
감나무에서 떨어진 손주에게
맑게 거른 똥물을 퍼주던
할머니의 할머니의 똥이다.
내가 태어난 똥수깐은
헛간이기도 해서
망태기며, 쟁기며, 호미가 가득하여
봄날이면 부산히도 드나들었다.
지렁이, 땅강아지와 사촌인 나는
봄만 되면 아랫도리가 헐거워져
맨엉덩이 내밀고 흙고랑을 뛰어다니고 싶은

흙의 자식이다.

—「흙의 자식」 전문

늦은 밤 청주 낙가천가에 있는 공원 팔각정에 사내 하나 앉아 있다. 청바지 차림의 사내는 정자 기둥에 기대어 앉아 아까부터 강산에의 〈라구요〉를 조그맣게 흥얼거리고 있다. "…내 아버지 레파토리 그중에 십팔버어언 십팔번이기 때문에 고향 생각 나시면어언 소주가 필요하다 하시고오오 눈물로 지새우시더어언 … 라 구 요-". 노래가 끝나자 소주 한 잔 마신다.

'쉰이라, 내 나이가 벌써 그렇게 되었나? 옛말에 지천명知天命이라 했는데, 어허이 참, 시 한 편 제대로 못 쓰고, 어허이, 애는 크는데 뒷바라지도 제대로 못하고 어허이 참. 저것도 천川이라고 물소리가 제법 그럴싸허네. 아부지, 거 엄니는 만나셨습니까, 인제 안 아프십니까……'

1970년대 초반에 충청도 시골에서 태어나 '국민학교'를 졸업하고 중학교는 면소재지로, 고등학교는 지방의 시청 소재지로, 대학교는 도청 소재지로, 도시로 더 큰 도시로 떠돌아다닌 청춘.

'아부지, 어무니 내가 시인이 될 줄 아셨어요? 할아부지 할머니는 아셨을까요?'

흙과 똥이 잘 버무려진 이 시는 시인 자신의 존재와 인식의 뿌리를 잘 보여준다. 어린 시절 체험을 바탕으로 했지만 이 시가 쓰이기는 나이 쉰 언저리가 아니었을까? 시인은 쉰 언저리의 어느 날 문득 '나는 누구인가' 되돌아보면서 책장 어디에 아껴 둔 술을 꺼내듯 기억 저편에서 어린 시절의 "똥수깐"을 꺼냈을 것이다. 할아버지와 아버지가 똥을 퍼내 밭에 뿌리거나 풀과 똥을 섞어 퇴비를 만들던 모습, 그 옆에서 막걸리 심부름을 하던 어린 '내'가 떠올랐을 것이다. 또, 어른들이 일하는 들판 한쪽에서 흙장난하며 땅강아지와 지렁이를 잡던 한때가 스쳤을 것이다. 그 가운데서도 감나무에서 떨어져 "맑게 거른 똥물"을 마신 경험은 다른 어떤 기억보다 진하게, 생생하게 되살아나지 않았을까.

나이 쉰의 사내가 오래된 서랍에서 기억 저편의 경험을 하나씩, 혼자 꺼내보는 행위는 쓸쓸하고 서글프다. 측간, 변소, 똥수깐에서 어린 시절을 보내고 이제 화장실에서 볼일을 보는 세대는 저 쓸쓸함과 서글픔에 조금은 공감할 것이다. 그러나 2025년에 저 시에서처럼 "맑게 거른 똥물"을 기억의 샘물로 길어 올려 자신의 존재를 "똥 퍼먹고 자란 흙의 자식"이라고 선언할 수 있는 사람은 몇이나 될까?

영범은 자신의 생명과 삶의 뿌리를 흙과 똥으로 인식하고 있다. 이러한 인식은 어설프게 생태주의를 흉내 낸 시에서는 볼 수 없다. 살아보지 않은 사람은 쓸 수 없기 때문이다. 살았어도 저 공간과 저곳에서의 삶이 그립지 않은 사람은 쓰지 못한다. 이 시는 오래되어 낡고 늙은 것에 익숙하지 않은 사람은 쓸 수 없다. 그 시절 그 삶에 애정이 없는 사람은 쓸 수 없다.

나의 발은 이상하게 생겨서
길이에 맞는 신은 볼이 작고
볼에 맞는 신은 길이가 짧다.

딱 맞는 신을 만나기란 어려운 일이라
신에 발을 맞춰 살아온 탓인지
발이 점점 작아져 모든 신이 헐렁하다.

매일 똑같은 신만 신는다고
마땅찮게 여기는 사람도 있지만
오래 신어 익숙해진
늘 신던 신이 좋다.

작고 아담하고 빨간 뾰족구두가
신 중에 제일이라는 이도 있지만
사람마다 자기만의 신이 있는 법.

맞지 않는 신을 믿을 순 없듯

나는

낡고 오래된

신이 좋다.

—「신」 전문

  얼마 전 영범이 신 자랑을 했다. 아들이 아르바이트를 해서 생일에 새 신을 선물했다며 목소리가 조금 들떴다. 처음이었다. 그 말이 참 듣기 좋아서 지금까지도 흐뭇하다. 아마도 지금쯤은 새 신발에 발이 잘 맞추어졌을 것이다. 시에 쓴 것처럼 영범은 신에 발을 맞추듯 살아온 것 같다.

  내가 그를 알고 지낸 지 30년이 넘었다. 군대와 사회 초년생 시절 몇 년을 빼고는 쭈욱~ 가깝게 지내왔다. 어떤 일을 같이 하기도 하고, 글을 써서 서로 읽고 이야기하고, 밥도 술도 같이 먹고 마시면서 오늘까지 왔다. 짧지 않은 시간이다. 그럼에도 놀라운 건 그동안 영범이 화를 내는 모습을 한 번도 보지 못했다는 사실이다. 뭘까? 답답하고 짜증나고 화나는 일이 적지는 않았을 텐데, 어떻게 그 오랜 시간 화 한 번 안 낼 수 있었을까? 나름의 방법이 있기는 하겠지만, 딱히 종교 생활을 하는 것 같지도 않은데 생각할수록 대단하다.

그러고 보니 영범은 자기 의견을 세게 내세우지 않는다. 여럿이 함께 일을 할 때 다른 사람 의견을 들어주고 앞에서 지휘하기보다는 중간이나 뒤에서 묵묵히 주어진 책임을 다한다. 어찌 보면 내성적이고 소심하다고 할 수 있다. 시를 얘기할 때도 조심스럽게 말하는 편이다.

영범은 선배 후배와 두루 친하다. 농담도 잘하고 모임의 분위기를 잘 이끌어간다. 일찍부터 이런저런 행사에서 사회를 많이 봐 왔다. 이렇게 보면 영범이 내성적이고 소심한 성격이라고 보기도 어렵다. 그가 청주민예총 사무국장을 10년이나 해 온 건 정말 대단한 일인데, 그건 그가 순후한 사람이기에 가능했다고 생각한다. 십여 개 장르의 수백 명 회원의 의견을 조율하고 관공서, 시민단체와의 적절한 관계를 유지하기가 보기만큼 쉽지 않다. 그가 욕심을 부리거나 자기 의견을 내세우고 단체를 이끌어가려고 했다면 채 2, 3년을 넘기기 어려웠을 것이다. 단체의 목적과 정체성을 염두에 두고 회원들의 의견을 귀담아듣고 의견 차이를 조율하면서 꾸준히 말을 아꼈다. 영범은 마치 그 일을 하기 위해 사는 것처럼 정성을 쏟았다. 그가 순박하고 도탑지 않았다면 그 일을 그리 오래 할 수는 없었을 것이다.

그러고 보면 영범은 사람 만나서 이야기하기를 좋아하는 것 같다. 술도 곧잘 마시는데 취해도 주사酒邪를 부리지는 않는다. 내가 본 가장 심한 주사는 형들과 맞먹는 것인데 그것도 과하지 않으니 술자리 분위기가 더 좋아진다.

  전에는 영범과 술 마시면 곧잘 노래방에 갔다. 영범은 노래를 잘 부른다. 강산에의 〈라구요〉와 전인권의 〈걱정말아요 그대〉를 부를 때 나는 그의 팬이 되어 기도하듯 듣는다. 이러니 그와 술을 마시는 건 언제나 즐겁다.

  영범은 자작나무를 좋아한다. 곧게 뻗은 몸과 하얀 몸피, 어린아이 손바닥 같은 작은 나뭇잎이 좋단다. 바람이 불면 수천수만의 나뭇잎이 파-란 하늘을 배경으로 반짝반짝 빛나는 게 정말 좋단다. 깜깜한 밤하늘에 은하수가 반짝이는 것 같기도 하고 푸른 바다의 윤슬이 반짝이는 것 같기도 하여 보는 사람의 마음이 절로 반짝이며 나부낀다고 한다. 또 영범은 자작나무 가득한 숲이 만드는 푸른 그늘을 걷고 싶다고 했다. 그 그늘에 들어 푸른 구름이 되고 싶다고도 했다.

  나는
푸른 그늘이 그리웠던 것이다.

  백운리 구름의 배웅을 받으며
청주로 돌아오는 길
마음에 푸른 싹이 돋아나

간질간질, 나풀나풀해서
나는 자작나무 구름숲이 되는 꿈을 꾸었다.

—「푸른 그늘」부분

"자작나무 구름숲이 되는 꿈"을 꿀 정도로 자작나무를 좋아하는 영범을 보고 서예가 이동원 선생이 영범에게 호號를 지어 주었다. 화원樺苑. 그런데 아는 사람만 아는 영범의 호가 또 있다.

어느 날 작가 몇이 모인 술자리에서 이런저런 얘기 끝에 필명筆名과 호號 얘기가 나왔다. 영범도 내심 호 하나 있었으면 하는 눈치였다. 술이 좀 되기는 했으나 취하지는 않았는데, 무슨 얘기를 하다가 영범이 내일 죽어도 괜찮겠다는 말을 했다. 그러자 옆에 있던 선배 시인이 "그럼 영범이 호는 호상好喪이 좋겠어"라고 했다. 그날 내내 우리는 "호상 김영범 선생"을 불러대며 술을 권했다. 그날 이후 가끔 우리는 "호상 김영범 선생"하고 부르면서 한바탕 크게 웃는다.

즉흥적으로 장난삼아 지은 것이지만 '호상'이란 말이 펼쳐내는 상황은 얼마나 괜찮은가? 살아 있는 사람에게 쓸 말은 아닐지 모르나 그나 나나 하늘이 주는 목숨만큼 잘 살다가 잘 죽는다면 이보다 큰 복이 또 어디 있을까 싶다.

호상이 날 때까지 영범은 "자작나무 구름숲"에서 "연필 깎는 남자로" 살 것이다.

> 찬 눈 속을 뚫고 나온 복수초를 그려 넣고
> 보도블록 작은 틈을 비집고 나온 민들레를 그려 넣고
> 눈물 많은 물봉선을 그려 넣는다.
> 박봉에 시달리는 가장을 그리고
> 세상의 모순과 싸우는 이들을 그리고
> 당당하지만 여리디여린 그녀를 그려 넣는다.
> 한밤 잠 못 들고 질주하는 자동차 경적을
> 새벽녘 현관 앞 신문 놓이는 소리를
> 아침 안개를 뚫고 출근하는 발소리를 그려 넣는다.
>
> 한 땀 한 땀 수를 놓듯 소리를 모아 기둥을 세우고 지붕을 올린
> 음표로 만든 그녀의 집,
> 방 한 칸 세 들어
> 연필을 깎는 남자
>
> ―「연필 깎는 남자」 부분

"자작나무 구름숲"에서 영범은 "연필을 깎"아 "복수초"와 "민들레", "물봉선" 같은 야생화를 그리고 서민의 고민과 삶을 그린다. 복수초의 꽃말은 영원한 행복, 민들레의

꽃말은 감사와 행복, 물봉선의 꽃말은 나를 건드리지 말아요이다. 자기 자리에서 당당하게 살아가는 사람들을 응원하고, 그들의 행복을 기원하는 시인의 마음이 느껴진다.

   이 시를 노래로 들었다. 눈 속의 복수초에서부터 아침 안개를 뚫고 출근하는 발소리까지 온몸으로 듣고 "한 땀 한 땀 수를 놓듯" 정성 들여 시를 쓰는 시인의 마음이 맑고 상큼한 울림으로 다가왔다. 영범에게 딱 맞는 노래다.

   영범의 소망은 자신과 가족을 넘어 우리 사회와 민족에까지 퍼진다. 우리 민족의 근대사는 처절하였다. 광기의 역사라고 또는 지옥의 역사라고 할 수 있다. 그 속에서 우리 민족은 고통과 굴욕을 참고 견디며 희생과 연민과 연대로 지금의 평화와 정의와 경제를 일구었다. 우리의 근대가 남긴 과제는 이제 하나 남았다. 과제를 잘 해내기 위해 영범은 이렇게 노래한다.

    까칠하고
    새초롬하고
    곁을 내어주지 않을 것 같은
    까실까실한 꽃

    남쪽에선

까실쑥부쟁이

북쪽에선

까실푸른산국

홀로 외롭고 쓸쓸하여

함께 모여 살라고

그리움을 담은 꽃

남과 북

경계 없이

아무렇지 않게 피는

푸른 마음으로

하나 되는 꽃

내가 살고 싶은 나라는

까실푸른산국

—「까실푸른산국」 전문

 무심히 툭 던져놓은 마음이라고 해야 할까, 새초롬한 표정이라 해야 할까. 우리 민족의 평화와 통일에 대한 간절함을 이렇게 무심한 듯 가벼운 느낌으로 큰 울림을 줄 수 있다니, 아마도 영범의 시가 점점 가볍고 감각이 선명해지고 있기 때문일 것이다.

    영범은 순후하다. 진하며 맑고 도타운 사람이다. 영범의 시도 그렇다. 세상에 대한 인식은 진하고 시의 눈은 맑으며 시로써 꾸는 꿈은 도탑다. 촌놈이어서 그렇다. 영범은 '흙의 자식'으로서 온전한 촌놈이다.

    촌놈은 시골을 고향故鄕으로 가지고 있다. 그는 가끔 향수鄕愁에 시달리다 눈물을 훔치기도 한다. 시름에 겨운 어느 날은 아부지와 어무니를 생각하며 아껴놨던 술을 한잔하기도 한다. 이제 지천명을 지나는 촌놈 시인은 고향이 점점 멀어진다고 느낀다. 영범이 호상에 드는 날 웃덕디는 의미가 없어진다. 고향이 사라지고 고요만 남는다.

    아무도 찾는 이 없는 초저녁
    별도 일찍 잠이 들어
    온 동네가 미동도 없다.
    외양간도 헛간도 없는
    아부지의 이른 새벽도 고요하다.
    고요하다.
    아주 오래된 유물처럼
    빈집이 늘어 가는 동네에는
    부고訃告만 전해질 뿐

모든 순간이 저물고 있다.

낮인지 밤인지 알 수 없는

몇 번의 계절이 지나면

고요함도 사라져

고요하리라.

―「웃덕디」 전문

 이 글은 1년 전에 쓰였어야 했다. 시집은 늦어도 올봄에는 나왔어야 했다. 하지만 내 게으름과 무능함으로 글이 지금까지 미루어졌고, 시집은 이제야 나오게 되었다. 이 글의 첫 문장을 몇 번 썼다 지우는 사이 올여름에 내 어머니가 돌아가셨고, 얼마 안 있어 영범의 아버지가 돌아가셨다. 영범은 내 어머니의 장례식장에서 울었고 나는 영범 아버지의 장례식장에서 울었다. 울음은 금세 그쳤으나 고아가 된 지금 슬픔은 전혀 예상치 못한 곳에서 터진다는 것을 알겠다. 영범도 그러할 것이다.

 영범은 이 시집을 아버지께 보여드리고 싶어 했다. 간절했다.

 영범이 아버지 묘소 앞에 시집을 놓고 나를 원망하지도 않고 눈물만 훔치다 오는 풍경이 눈에 선하다. 이 죄를 어떡하나!

김영범

1974년 충남 천안에서 태어났다. 2004년 《충북작가》 신인상을 수상했다. 2010년 시집 『김씨의 발견』을 출간했다. 한국작가회의 회원.

까실푸른산국

2025년 11월 28일 초판 1쇄 발행

지은이   김영범
펴낸이   유정환
펴낸곳   도서출판 고두미
          등록 2001년 5월 22일(제2001-000011호)
          충북 청주시 상당구 꽃산서로8번길 90
          Tel. 043-257-2224 / Fax. 070-7016-0823
          E-mail. godumi@naver.com

ⓒ김영범, 2025
ISBN 979-11-91306-87-3   03810

※ 이 책은 충청북도, 충북문화재단의 후원을 받아 예술창작활동
    지원사업의 일환으로 발간되었습니다.
※ 책값은 뒤표지에 표시하였습니다.
※ 잘못 된 책은 구입한 곳에서 바꾸어 드립니다.